Dieter Nadolski

Die Ehetragödie Augusts des Starken

TAUCHAER VERLAG

Nadolski, Dieter:
Die Ehetragödie Augusts des Starken / Dieter Nadolski
1. Aufl. – [Taucha]: Tauchaer Verlag, 1996
ISBN 3-910074-43-X

© 1996 by Tauchaer Verlag
Gestaltung: Hans-Jörg Sittauer
Satz und Reproduktion:
Leipziger Medienservice
Druck und Verarbeitung:
Westermann Druck Zwickau
Printed in Germany
ISBN 3-910074-43-X

Inhalt

Vorwort

DIE »EHETRAGÖDIE Augusts des Starken« ist zum geflügelten Wort geworden, wenn über die Beziehung des Kurfürsten von Sachsen und späteren Königs von Polen zu seiner rechtmäßigen Frau Christiane Eberhardine gesprochen wird. Auch für diesen Band wählten wir den entsprechenden Buchtitel, obwohl die Tragödie weniger den Ehemann und eher dessen Frau Gemahlin betrifft. Es fällt schwer, sich vorzustellen, daß der glanzvolle Wettiner unter seiner Ehe gelitten hat. Umgekehrt kann man sich gut in die Leiden seiner stillen und frommen Frau hineinversetzen, die miterleben mußte, daß der Gemahl schon bald nach der Vermählung seine eigenen Wege ging, fleißig mit den verschiedensten Damen Kinder zeugte und außerdem seinen lutherischen Glauben so schnell wie ein Handtuch wechselte.

Das tragische Schicksal Gräfin Cosels, der bekanntesten Mätresse Augusts des Starken, ist allgemein bekannt, das Leben und Leiden der ihm angetrauten Christiane Eberhardine hingegen sehr zu Unrecht weniger. Auf den folgenden Seiten berichten wir von dem glücklichen Beginn ihrer Beziehungen mit dem Sachsen bis zu ihrer Vereinsamung und dem Ableben im Schloß Pretzsch. Autor und Verlag haben Herrn Jürgen Schneider, Pretzsch, für mancherlei Rat und Tat beim Entstehen dieses Buches zu danken.

Die »schenste princessin
von der wehlt«

WER WEISS, wie sich das Schicksal Christiane Eberhardines entwickelt hätte, wenn ihr Vater Christian
Ernst von Brandenburg-Bayreuth nicht ausgerechnet
mit einem jungen Mädchen aus dem Hause Wettin
vermählt gewesen wäre?! Im Oktober 1662 hatte der
Markgraf die schöne Erdmuthe Sophia, eine Tochter des sächsischen Kurfürsten Johann Georg II., zum
Traualtar geführt, nachdem sich übrigens 24 Jahre
zuvor eben dieser Georg seinerseits die Gemahlin aus
dem Hause Brandenburg-Bayreuth geholt hatte.
Derart waren beiderseits amouröse Fäden zwischen
Dresden und Bayreuth geknüpft worden, in die sich
späterhin auch die am 19. Dezember 1671 geborene Christiane Eberhardine verfangen sollte.

Vorerst spürte die heranwachsende Prinzessin freilich noch nichts von solchen Beziehungen zwischen
den beiden Häusern, zumal Erdmuthe Sophia im Juni
1670 verstorben war und die zweite Gemahlin des
Markgrafen, ihre Mutter Sophie Luise, aus dem Würt-
tembergischen stammte. Freilich, es blieb im Bayreuther Schloß nicht aus, daß man immer wieder einmal auf die Wettiner zu sprechen kam, die
Beziehungen zueinander erwähnte und vor allem
aber die prächtige Residenz am Elbstrom schilderte.

Als Christiane Eberhardine ihr fünfzehntes Lebensjahr vollendet hatte, erfüllte sich ihr ein schon seit

langem gehegter Wunsch – man begab sich auf den Weg nach Dresden zur kurfürstlichen Verwandtschaft.

Auch wenn es ihrem späteren Gemahl August dem Starken erst noch vorbehalten sein sollte, die Zeiten überdauernde architektonische Glanzlichter setzen zu lassen, war Dresden in den Augen des jungen Mädchens eine Stadt, die hellauf begeisterte. Nicht nur das Residenzschloß mit dem Georgenbau des Bastian Kramer, dem prächtigen Portal des Paul Buchner oder dem Riesensaal des Caspar Voigt von Wierandt im zweiten Geschoß des Ostflügels wurden bestaunt, auch die vielen Kirchen mit ihren kunstvollen Altären beeindruckten die tiefgläubige Christiane Eberhardine. Das Pirnaische Tor, die wunderschönen Erker und Portale vieler Bürgerhäuser und selbst die Elbbrücke mit dem Neuen Zollhaus und dem Torhaus fanden nur höchst selten soviel Interesse wie gegenüber dem Gast aus Bayreuth.

Schloß und Stadt allein waren es allerdings nicht, die Christiane Eberhardine Vergnügen bereiteten. Mit außerordentlicher Herzlichkeit wurde die Prinzessin von der kurfürstlichen Familie aufgenommen, so, als wäre sie tatsächlich eine Blutsverwandte. Ihr Oheim, Kurfürst Johann Georg III., und dessen Frau Anna Sophia, eine Tochter König Friedrich III. von Dänemark, erwiesen sich als liebenswürdige, aufmerksame Gastgeber. Und schließlich gab es da noch einen fast 17jährigen Burschen namens Friedrich August, den jüngeren Sohn des Kurfürsten, der sich in artigen Reden erging und danach trachtete, der

Christiane Eberhardine von Brandenburg-Bayreuth.

hochgewachsenen Blondine mit Wort und Tat gefällig zu sein. Leicht machte ihm das junge Wesen aus Bayreuth die Unterhaltung nicht. Für Friedrich Augusts Temperament gab sie sich sehr zurückhaltend, für ihre Jugend viel zu ernst und nachdenklich. Aber klug war sie, und hübsch anzusehen war sie auch, und wenn sie wirklich einmal lächelte, gewann sie zusätzlich an Liebreiz.

Prinz Friedrich August im Alter von etwa 15 Jahren.

Christiane Eberhardine gefiel es, wie der junge Wettiner mit ihr umging und immer wieder interessante Themen anschnitt. Während sein Bildnis an der Wand, von einem einfühlsamen Meister 1685 gemalt, noch deutlich einen Jugendlichen mit einem eher unfertigen Blick widerspiegelte, sah sie sich jetzt, etwa ein Jahr später, schon einem scheinbar reifen Mann gegenüber. Seine energischen braunen Augen, die gesunde Gesichtsfarbe und seine stattliche Gestalt imponierten sehr wohl und führten dazu, daß die Bayreutherin auch dann Friedrich Augusts leibhaftigen Blick suchte, wenn ansonsten keine Gelegenheit zur Konversation bestand.

Man darf wohl den Schluß ziehen, daß der Besuch in Dresden schicksalhaft war und nicht nur bei Christiane Eberhardine, sondern ebenso bei dem sächsischen Prinzen einiges in Schwingung gebracht hat. Tatsache sind die Briefschaften und Geschenke, die in den ersten Monaten des Jahres 1687 zwischen der Elbmetropole und Bayreuth hin und her gehen. Bevor allerdings wieder einmal die Ehefäden zwischen den einflußreichen Albertinern und dem kleinen Hohenzollernschen Markgrafentum gezurrt werden, sollten noch Jahre vergehen, was allerdings nicht bedeutete, daß nicht – teilweise über die Köpfe der jungen Leute hinweg – eifrig und verborgen an dem Projekt gewerkelt wurde.

Im Mai 1687 hatte sich Friedrich August auf eine Reise begeben, deren Dauer auf etwa zwei Jahre veranschlagt war und die ihn an Fürstenhöfe in Frankreich, Spanien, Portugal, Italien und Österreich

führen sollte. Zweck eines solchen, von allen Fürsten-
söhnen praktizierten und als »Kavalierstour« bezeichneten Unterfangens war es, sich in einflußreichen
Kreisen vorzustellen und staatsmännische Bildung zu
erwerben. Während der Tour, die mit mancherlei ero-
tischen Abenteuern versüßt war, wird die Dame aus
Bayreuth gedanklich hinten angestanden haben.
Nachdem aber der sächsische Prinz im April 1689
wohlbehalten nach Dresden zurückkam, nahm auch
er wieder den hohenzollernschen Faden auf. Ob und
in welchem Umfang er dazu von dem kurfürstlichen
Elternpaar angeregt wurde, ist nicht bekannt geworden. Belegt werden kann, daß Kurfürst Johann Georg III. dem Vater Christiane Eberhardines seinen
Wunsch nach einer ehelichen Verbindung der beiden jungen Leute mitteilen läßt; in Bayreuth erbittet
man Bedenkzeit.

Daß Christian Ernst und Sophie Luise von Bayreuth
nicht mit fliegenden Fahnen dem Wunsch nach der
Vermählung ihrer Tochter mit Kurprinz Friedrich
August nachkamen, hatte verschiedene Ursachen.
Vor allem ging dem Wettiner inzwischen - man schrieb
das Jahr 1691 – nicht der beste Ruf voraus; er galt als
leichtfertig und zügellos. Die weniger gute Reputati-
on hätte man sicher bedenkenlos weggeschoben,
wenn sich nicht für Christiane Eberhardine eine ehe-
liche Alternative geboten hätte. Seit dem Sommer
1690 bekundete Kurprinz Johann Wilhelm von Pfalz-
Neuburg sein Interesse an der Bayreutherin, und seit
einiger Zeit war als weiteres Eisen im Feuer ein däni-
scher Prinz im Gespräch, und zwar König Christian V.

ältester Sohn Friedrich. Doch als sich zeigte, daß Heidelberg wie Kopenhagen als künftiges Domizil Christiane Eberhardines wohl Schall und Rauch bleiben würden, zerstreuten sich im Bayreuther Schloß die Bedenken via Dresden zunehmend schneller.

Eine unsichere Angelegenheit, die eine Verbindung ebenfalls hätte verhindern können, war inzwischen zur Zufriedenheit geklärt. Im September 1691 starb überraschend im 45. Lebensjahr Friedrich Augusts Vater Johann Georg III. Generell geregelt war, daß dessen erstgeborener Sohn Johann Georg IV. die Kurfürstenwürde erben würde. Doch was verblieb dem jüngeren Sohn Friedrich August? Würde dessen Erbanteil ausreichen, um im Falle einer Vermählung eine standesgemäße Ehe zu gewährleisten? Markgraf Christian Ernst gab sich nicht zimperlich. Flugs bat er um Übermittlung der diesbezüglichen testamentarischen Festlegungen. Für die Bitte hatte man in Dresden vollstes Verständnis; ihr wurde entsprochen – das Vermächtnis Johann Georg III. beruhigte den Bayreuther Markgraf hinreichend: Seinen Sohn Friedrich August hatte der Vater mit dem repräsentativen »Herzog-Moritz-Haus« auf der Dresdner Kreuzgasse bedacht, außerdem mit einem »bequemen« Landhaus und schließlich mit einem Jahresdeputat von 50000 Reichstalern sowie zusätzlich 100000 Reichstalern innerhalb von vier Jahren, und zwar zu »desto beßeren Einrichtung, Erkauffung Schmucks , Silberwerks und anderen Bedürfnißen«. Tatsache ist, daß zunächst der kühler rechnende Markgraf Christian Ernst seine Zustimmung zur Vermählung gab. Die mehr emotional reagierende Sophie Luise von Bayreuth konnte sich hingegen nur schwer mit dem Gedanken anfreunden, einem »unmäßigen Trunkenbold und flatterhaften Don Juan« ihre Tochter anzuvertrauen. Als sich am 27. August 1692 Vater Christian Ernst gegenüber dem Wettiner mit der Eheschließung einverstanden erklärte, griff Friedrich August spontan zum Federkiel und schrieb der Auserwählten folgenden Brief:

»Durchleichtigst princessin
Nachdem ich Ew. Ld. eine geraume zeit mit schreiben nicht aufgewahrtet, so kohme ich anitzo mit disen gegenwerdigen zeillen meinen gehorsamsten respect an ihnen, wehrdeste princessin, abzulegen, kahn auch nicht unberichtet lasen wie ich heitte das mir glickliche ga wohrt von dero herren vatter erlanget, welches aber nicht ohne conticion (Vorbehalt, D.N.) gewesen, ihndem er mir seine fehrsicherung auf solche ahrt gegeben, woferne es mit Denemarck und Neiburg rickgengig wihrde, von welchen letzteren er es selber glaubte, so sohlte ich ihm in dem fahl lieb seyn und mich seines wohrtes fehrsichert halten, nunmero bestehet es bey ihnen, werdeste princes, mich zu dero dihner zu erwehlen, indem sie durch dero constence (Verhalten, D.N.) wie auch bey dero frau mutter anmeisten contribuiren (beitragen, D.N.) , enfein sie haben in ihren henden, einen gehorsamsten schlafen (Sklaven, D.N.) glicklich und unglicklich zu machen, wehleches erste mit einem einzigen wohrte, so sie bey dero frau mutter sprechen, gehen

Faksimile (Anfangsseite) des Liebesbriefes Friedrich Augusts an Christiane Eberhardine.

kente, anitzo gedenke ich efter an das itahlienische liht, welchs 'dove sei dove dascondi' (wo bist Du? wo verbirgst Du Dich? D.N.) heiset, den(n) ich nicht glaube, das ein greserer turmen sein kahn als sich von so einer incomparabler (unvergleichbarer, D.N.) brintzesin entfehrnet zu sehen und noch fihl weniger soh balt hofnung hat derselben auf zu wahrten, indeßen verhofe ich das Ew. Ld. sich noch wan sie eintzige augenblicke misig sein dero knechtes erinnern wehrden, welches ihm, wan er sich dessen flattiren (schmeicheln, D.N.) darf, die greste consolation (Trost, D.N.) sein wihrd, indeßen empfehle ich mich der schensten princessin von der wehlt zur beharrlichen gnade der ich bies in doht verharre gedreister knecht
Friedrich August H. (Herzog) v. Sachsen.«

Das zierliche Brieflein war mit der französischsprachigen Anschrift »A Son Altesse Madame la princess christiane ebrehardine Margrave de bareit« versehen und ging hinsichtlich der miserablen Rechtschreibung mit dem deutschsprachigen Text durchaus konform. Das Doppelsiegel auf der Rückseite des Umschlags trug die Inschriften »toujours le même« (Immer der Gleiche) und »une seule me plait« (Eine Einzige gefällt mir).

Natürlich rührten die Botschaft des offensichtlich verliebten Jünglings und ihre wohlbedachte Verpackung Christiane Eberhardine über alle Maßen. Nunmehr wird sie sich wohl mit Eifer auf die Seite des Vaters geschlagen haben, um die Bedenken der Mutter mit zerstreuen zu helfen. Anfang November 1692 konnte Markgraf Friedrich Ernst nunmehr zugleich namens Gemahlin und Fräulein Tochter erklären, einer Vermählung stände nichts mehr im Wege. Und da auch Kurfürst Johann Georg IV. – der anderthalb Jahre ältere Bruder Friedrich Augusts – Einverständnis signalisiert hatte, konnte die Hochzeit des »gedreisten knechts« mit der »schensten princessin von der wehlt« vorbereitet werden.

Vermählung nach alter Sitte und Gewohnheit

ZUR ZEIT Augusts des Starken – und nicht nur zu dieser Zeit - konnten die Söhne und Töchter des Adels nur höchst selten den Neigungen ihrer Herzen folgen, wenn über den künftigen Ehepartner zu befinden war. Einer Eheallianz lagen rationale, auf die Stabilisierung und den Ausbau der Herrschaft gerichtete Überlegungen zugrunde, Liebesheiraten bildeten die Ausnahme. Ein solcher Sonderfall war wohl hier zunächst gegeben, ganz sicher zumindest inzwischen bei Friedrich August.

Trotz der offensichtlichen Verliebtheit des Wettiners und dem damit gekoppelten Drängen, die begehrte Blondine bald als Ehefrau umarmen zu können, war Geduld angesagt. Auch wenn die Vermählung nicht zuvorderst durch die Entschlüsse in den Herrscherhäusern Kursachsens und Brandenburg-Bayreuths verfügt worden war, sondern primär emotional getragen wurde, standen dennoch Regularien und Verhandlungen an, die man streng nach altem Brauch handhabte. So war in Dresden klug zu befinden, wer sich als offizieller Abgesandter mit »Creditiv« (Vertrauen) und Vollmacht nach Bayreuth zu begeben und die »Tractate« (Verhandlungen) zu führen hatte. Beispiele dafür, daß die Erörterungen über einen Ehekontrakt gar nicht erst aufgenommen wurden und sich das signalisierte Ja-Wort in Luft auflöste, weil der Rang des Abgesandten nicht angemessen war, gab es genügend. Aber auch dann, wenn man die rechte Person umsichtig bestimmt hatte, konnte sich Schaden auftun, weil der Verhandlungsspielraum nicht stimmte.

Nach einigen Wochen intensiven Feilschens lagen die umfangreichen »Ehe-Pacten« vor. Dazu gehörten solche Dokumente wie die »Ehe-Stifftungen«, »Witthums-Verschreibungen«, »Verzicht-Briefe«, »Leibgedings-« und »Gewissens-Freyheits-Versicherungen« und der »Ausstattungs-Brief« des Brautvaters. Markgraf Christian Ernst hatte auf diesem Pergament ausgewiesen, was er Christiane Eberhardine an Geld, Silbergeschirr und Schmuck mit in die Ehe geben wollte. Das alles geschah nach alter Sitte und Gewohnheit, doch in einem Punkt gab man sich modern, nämlich der Unterzeichnung des Ehekontrakts. Auf den bürgenden Schriftzug von jeweils vier Grafen und Vertretern der Städte, wie seit alter Zeit üblich, wurde verzichtet. Die Dokumente unterschrieben die beiden fürstlichen »Contrahenten« Kurfürst Johann Georg IV. und Markgraf Christian Ernst sowie die »Agnaten«, d. h. die Verwandten väterlicherseits. Nun konnte der Tag der Vermählung bestimmt werden. Man wählte den 20. Januar 1693.

Im allgemeinen war es Sitte, daß sich der Bräutigam zum Verlöbnis und zur Vermählung an den Hof der Auserwählten begab. So geschah es auch hier – Friedrich August reiste in die Stadt am Roten Main. Bayreuth, urkundlich bereits 1194 erwähnt, war 1604 unter Markgraf Christian Residenzstadt des kleinen

Fürstentums geworden, nachdem sich bis dahin Kulmbach mit dieser Ehre schmücken konnte. Vor anderthalb Jahrzehnten hatte man in Bayreuth den Bau eines prächtigen Renaissanceschlosses abgeschlossen, was dazu beigetragen haben mag, daß damals Christian den Umzug veranlaßte. Das schöne Schloß, die Sophienburg, sollte nunmehr den Rahmen für die Vermählungsfeierlichkeiten bilden.

Aus der Feder Julius Bernhards von Rohr, einem Chronisten des Barockzeitalters, sind detaillierte Berichte von den fürstlichen Vermählungen überliefert. Rohr, ein »Hochfürstlich Sächsisch-Merseburgischer Land-Cammer-Rath und Dom-Herr der Bischöfflichen Stifts-Kirche zu Merseburg«, teilt uns dazu u.a. mit:

»Bißweilen geschehen die Fürstlichen Beylager gantz in der Stille, und ohn alle Pracht. Das Hoch-Fürstliche Paar wird in einem Gemach getraut; Die Cavaliers und Dames werden durch ein paar Marschälle aufgeführt, und der Bräutigam führt seine Braut zur Copulation (Trauung, D.N.) selbst bey der Hand; Nach der Copulation wird Tafel gehalten, das Hoch-Fürstliche Paar zu Bette gebracht, und alles ohne große Ceremonien beschlossen. Es wird wohl auch in gewöhnlichen Notification-Schreiben (Bekanntmachungen, D.N.) mit ausgedruckt, wenn die Beylager gantz in der Stille vollzogen worden.«

»Gantz in der Stille« vollzog sich die Vermählung im Bayreuther Schloß wahrhaftig nicht, im Gegenteil - man sprach in den Berichten über die Hochzeit von »großem Gepränge«. Christiane Eberhardine, mit kostbarstem Tuch geschmückt, die lange Schleppe von Damen aus der vornehmsten Gesellschaft getragen, Friedrich August in Begleitung der nächsten Verwandten, so trat das Paar gemessenen Schrittes vor den Priester. Nach dessen Trau-Sermon wurden »die Trompeten geblasen und Paucken geschlagen, die Stücke gelöset (Salut geschossen, D.N.), und von der auf dem Schloß-Platz stehenden Soldatesque Salve gegeben.« Die nach vollzogener Trauung der jungen Frau üblicherweise zu überreichende Morgengabe – prächtiger Schmuck und erlesene Juwelen – dürften Christiane Eberhardines Glücksgefühl sehr befördert haben. Eines ihrer kostbarsten Schmuckstücke wird übrigens später einmal eine Tochter Augusts aus der Affäre mit Gräfin Cosel erhalten.

Nach altem Brauch setzten beim folgenden Festmahl nicht die Lakaien, sondern die »Cavaliers« die Speisen auf die Tafel, die auch bei dem sich anschließenden Tanz mit Fackeln für festliche Beleuchtung sorgten. Schließlich kam für die Jungvermählten der Höhepunkt, den Julius Bernhard von Rohr mit der gebotenen Zurückhaltung so beschrieb:

»Nach geendigtem Tantze helffen die sämtlichen Hoch-Fürstlichen Hochzeit-Gäste, insonderheit aber die Hoch-Fürstlichen Anverwandten, Braut und Bräutigam zu Bette bringen. Bißweilen führet der Braut Vater, oder derjenige, so dessen Stelle vertritt, den Fürstlichen Herr Bräutigam, wenn er in Nacht-Habit eingekleidet, gantz allein zu der Braut vors Bette, giebt ihm eine kleine Erinnerung … alles dasjenige zu leisten, was ein ehrliebender Fürst und Bräutigam

seiner geliebten Braut zu leisten schuldig wäre.« Das
sächsische Recht verlangte übrigens zum völligen
Ehestand zwingend das Beschreiten des Ehebettes,
was gegebenenfalls auch zu bezeugen war.

Als eine der traditionellen Gewohnheiten galten
die »Tränen der Braut« in der Hochzeitsnacht. Davon wie auch vom emsigen Treiben vor dem Parade-

Das Zubettgehen der Braut.
Kupferstich von Jean-Michel Moreau d.J.

Morgentoilette.
Kupferstich von Joseph Flipart.

bett im Schloß kündigt die allgemeine Darstellung
auf einem Kupferstich des Jeane Michel Moreau d. J.
Ein Kupfer des Joseph Flipart zeigt das typische Bild
von der Anwesenheit des Ehemanns bei der Morgentoilette nach der Hochzeitsnacht. Ansonsten verlangte die Hofetikette, daß Mann und Frau in jeweils se-
paraten Räumen ihre Morgenbesuche empfangen.

Während des mehrtägigen Beilagers vergnügten sich derweilen die Hochzeitsgäste mit Carousel-Rennen, Maskenbällen, Feuerwerken, Turnieren, Scheibenschießen und anderen Lustbarkeiten. Mitte Februar 1693 war die Zeit herangerückt, daß der Wettiner Christiane Eberhardine »heimführte«, also mit nach Dresden nahm. Der »Einzug« des Paares in die Residenzstadt unterlag sorgfältigster Planung, was übrigens neben dem obligaten Glockenläuten auch die Organisation jubelnder Einwohner umfaßte. Dabei wurde u.a. auf das schärfste verboten, sich auf den Straßen oder auf den speziell aufgestellten Gerüsten in alter oder zerrissener Kleidung sehen zu lassen. Andererseits gehörte es bei Einzügen zu den bevorzugten Vergnügungen des Adels, sich mit den Gewändern von Bauern zu dekorieren. Friedrich Augusts Vater Johann Georg III. hatte sich z.B. anläßlich seiner Vermählung mit Anna Sophia von Dänemark in der Maske eines Meißnischen Bauern-Richters präsentiert.

Der Einzug und die sich erneut anschließenden Lustbarkeiten hielten das junge Fürstenpaar noch einige Zeit in Hochstimmung. Dann freilich begann der Alltag, der bis 1727 dauerte. Niemals wieder gab es für Christiane Eberhardine während der folgenden 34 Jahre an der Seite Augusts des Starken soviel gute Tage und Stunden wie bis dahin.

Der kurze Rausch der Flitterwochen

EINE DER ERSTEN Nachrichten, die der jungvermählten Neu-Dresdnerin zugetragen wurden, war
die Mitteilung, zunächst könne ein eigenes Haus
noch nicht bezogen werden Die sensible Christiane
Eberhardine, hineingezogen in den Trubel der Ein-
zugsfeierlichkeiten, hatte ein wenig Mühe, ihre Enttäuschung zu verbergen. Noch klang ihr die Versi-
cherung des Vaters im Ohr, der Herzog von Sachsen
– wie sich Friedrich August nannte – würde mit ihr
in das ihm zugeschriebene Georg-Haus ziehen, wo
sie sich nach Belieben aus dem ungewohnten Hoch-
betrieb im Residenzschloß zurückziehen könne. Nun
zeigte sich aber, daß sie und der Herr Gemahl vorerst im Schloß verbleiben mußten, weil das eigentli-
che Domizil noch nicht hinreichend hergerichtet war.
Bereits 1555 hatte Melchior Hauffe das vornehme
Gebäude mit einem Runderker zum Salomonistor
und zwei Giebeln zur Kreuzgasse hin erbaut. Seit
1571 gehörte es den Wettinern. Hier kamen Christian II. und sein Bruder Johann Georg I. zur Welt, seit
1611 war es Witwensitz Sophies von Brandenburg,
der Frau Christians I. So traditionsreich die Räume
des schon im 17. Jahrhundert allgemein als Fraumutterhaus bezeichneten Bauwerks auch galten, nach
anderthalb Jahrhunderten intensiver Nutzung mußte renoviert werden. Das junge Paar bezog also Räu-

Fraumutterhaus in der Dresdner Kreuzgasse am Salomonistor.

me im Schloß, und zwar im ersten Obergeschoß des Südflügels, vorerst, wie man meinte.

Im April 1693 erhielt Christiane Eberhardines Hochgefühl einen weiteren Dämpfer. Ihr Angetrauter teilte ihr mit, er werde sie jetzt im Schloß mit der neuen Verwandtschaft allein lassen, weil er an einem

militärischen Handstreich teilzunehmen gedenke.
Alte Familienbande nach Dänemark würden es ge-
bieten, die Anverwandten im Kampf um das Herzog-
tum Lauenburg zu unterstützen. So zog also August
der Starke von dannen, ohne freilich den Dänen zum
Erfolg verhelfen zu können. Das hinderte ihn jedoch
nicht daran, ein paar Monate später an einem weiteren Scharmützel teilzunehmen, diesmal am schönen

Dresdner Residenzschloß.

Rhein. Dann schien die Lust am Kriegshandwerk vorerst gestillt. Die junge Ehefrau glaubte schon, nunmehr würden die wenigen lustvollen ersten Ehewochen wieder aufflackern. Doch kaum war Weihnachten vorüber – Christiane Eberhardine hoffte, an der Seite ihres Mannes das neue Jahr begrüßen zu können – da reiste dieser nach Venedig. An die Lagunenstadt hatte Friedrich August von einer ersten Reise her angenehmste Erinnerungen, auch solche amouröser Art, so daß er vorsorglich durchblicken ließ, vor ein paar Monaten werde er wohl nicht wieder nach Dresden zurückkehren. Am 11. Februar 1694 schrieb die unglückliche Ehefrau wehmütig an ihre Mutter nach Bayreuth:

»Der Hertzog würd stüntlich erwartet und verlanget mich gar ser, ihm wider hir zu wißen. Er ist alle zeit gesunt geweßen. Die lustparkeiten aber zu Venisse sollen gar Schlegt geweßen seyn, als glaube, es würd ihm wohl gereuen diese reise gethan zu haben...«.

Christiane Eberhardine irrte sich – die Reise gefiel dem Herrn Gemahl so gut, daß er sie auch noch nach Rom und Neapel ausdehnte. Erst Anfang April 1694 kehrte er aus Italien zurück. Gut drei Wochen später ereignete sich etwas Unvorhergesehenes. Kurfürst Johann Georg IV., knapp 27 Jahre alt, verstarb an den Blattern. Buchstäblich über Nacht fiel Friedrich August als Bruder des Verstorbenen die Regierungsverantwortung für das Kurfürstentum Sachsen zu. Mit dem Aufstieg des Gemahls in die höchste Klasse der deutschen Reichsstände war auch aus Chri-

Christiane Eberhardine.
Ölgemälde eines unbekannten Malers.

stiane Eberhardine eine Kurfürstin geworden, ein Ereignis, das im Bayreuther Elternhaus stolzen Jubel auslöste. Angesichts dieser segensreichen Entwicklung riet man der Tochter, die Eskapaden des Ehemanns stillschweigend zu tolerieren. Sicher werde er nun bald zur Vernunft kommen und sich wieder als liebevoller und treuer Gemahl erweisen. Wiederum zog bei der jungen Frau die Hoffnung ein, die Funken der ersten Tage und Wochen nach der Hochzeit würden erneut aufblitzen, als bisheriger Herzog habe sich Friedrich August die Hörner abgestoßen, die ihn jetzt im hohen Amt des sächsischen Landesherrn nicht mehr ziemen würden.

Gefunkt hatte es bei dem neuen Kurfürsten tatsächlich. Allerdings in einer Art und Weise, die sich zu einem Eklat ausweitete und endgültig bei Christiane Eberhardine die Hoffnung zerstörte, jemals wieder den Rausch der viel zu kurzen Flitterwochen zu erleben. Dreh- und Angelpunkt des Skandals war das schöne Fräulein von Kessel, eine der sieben Hofdamen Anna Sophias, der damals 47jährigen Mutter Augusts des Starken. Diese lebte seit 1691, dem Todesjahr ihres Mannes Johann Georg III., auf dem nördlich von Torgau gelegenen Schloß Lichtenburg. Der brünetten Schönheit begegnete der neue Landesherr zufällig während eines Besuchs seiner Mutter und entflammte ziemlich rasch. Das junge Mädchen hingegen reagierte weniger spontan und erwies sich gegenüber den intensiven Verlockungen des Kurfürsten recht standhaft, obwohl dieser auch mit großzügigen Geschenken nicht geizte. Doch nach

August der Starke.

einiger Zeit brach der Widerstand Fräulein von Kessels, und noch ein paar Wochen später konnte die Liaison zwischen den beiden nicht mehr verborgen werden. Als Christiane Eberhardine von der Affäre vernahm, war sie bestürzt und zornig zugleich. Konsterniert deshalb, weil ihr deutlich wurde, daß die neue Würde Friedrich Augusts nicht wie gehofft die Eskapaden einschränkte, und zornig, weil es ein unbedeutendes Mädchen gewagt hatte, den Gemahl zum Ehebruch zu verführen. Auch wenn sich die Kurfürstin, was den treibenden Keil anbelangte, gründlich irrte, blieb dementsprechend die vermeintliche Sünderin von Vergeltungsgedanken nicht verschont. Unterstützung fand Christiane Eberhardine bei der entrüsteten Anna Sophia. Tagelang schmiedeten Schwiegertochter und Schwiegermutter in seltener Eintracht Pläne, wie man es der Kessel heimzahlen könne. Die Einweisung in eine Besserungsanstalt stand zur Debatte, auch die Verbannung hinter dicke Mauern wurde erwogen. Schließlich rangen sich die Damen doch zu einer eleganten Lösung durch, zumal diese ohne weiteres die Unterstützung des Kurfürsten fand. Fräulein von Kessel wurde kurzerhand mit dem Feldmarschall von Haugwitz verheiratet und dieser dann samt Ehefrau als Gouverneur nach Wittenberg versetzt. Christiane Eberhardines Zorn war weitgehend verflogen, doch die Enttäuschung über die Bloßstellung saß in ihr tief und fest. Sie ahnte nicht, daß schon in allernächster Zeit noch größere Schmach auf sie zukommen würde.

Die Oktoberkinder

SOWOHL im Bayreuther als auch im Dresdner Schloß hatte es während der Vermählungsfeierlichkeiten nicht an guten Wünschen für das junge Paar gemangelt. Was allerdings kaum einmal ausgesprochen wurde, war die Hoffnung, »mit ihrem Fleisch und Blut die Welt zu mehren«, also Kinder zu zeugen. Allzu selbstverständlich war diese Schuldigkeit, so daß daran nicht zu erinnert werden brauchte – und ein gutgemeinter Wunsch nach reichem Kindersegen konnte mißverstanden werden, als traue man den Vermählten die Pflichterfüllung nicht so recht zu.

Als der Herbst ins Land zog und sich das Jahr 1693 sogar verabschiedete, ohne daß Kunde von einer Schwangerschaft Christiane Eberhardines kam, wiegten nicht wenige in der Residenz bedenklich den Kopf. Während der langen Winterabende wurde der Sachverhalt an so manchem Kamin immer wieder gern erörtert. Wer es gut mit August und seiner Angetrauten meinte, sprach von den vielfältigen Pflichten des Wettiners während der vergangenen Monate und den nur seltenen Gelegenheiten zum ehelichen Beilager. Alles würde sich richten, und noch bevor ein weiteres Jahr zu Ende ginge, werde Christiane Eberhardine guter Hoffnung sein!

Man hatte sich geirrt. 1694 verfloß ohne diesbezügliche Nachrichten. 1695 verging ergebnislos, und der folgende Januar bot Anlaß, nun doch sehr besorgt das Kümmernis zu bereden. Vor einem Monat war die Kurfürstin immerhin schon 25 Jahre alt geworden, und nunmehr – am 20. Januar 1696 – jährte sich zum dritten Mal der Hochzeitstag. Selbst die optimistischen Propheten unter dem Hofadel waren inzwischen kleinlaut geworden; nein, mit einer Kurprinzessin oder besser noch einem Kurprinzen wäre wohl nun kaum noch zu rechnen, zumal, für jedermann sichtbar, das Verhältnis zwischen August und seiner Gemahlin mehr als abgekühlt zu sein schien.

Der Schein trügte nicht. Die Affäre mit der Kessel war zwar längst Geschichte, doch der Haken saß bei Eberhardine zu tief, als daß sie ihrem Gemahl gegenüber so wie während ihrer ersten gemeinsamen Zeit empfinden konnte. Die seit 1694 anstehenden Verpflichtungen als Kurfürst, im Folgejahr insbesondere der Oberbefehl über die kaiserlichen Truppen im Kampf gegen die Türken, hatten bei August dem Starken Interessen und Leidenschaften freigelegt, die mit dem braven Gemüt Christiane Eberhardines nicht konform gingen. Sicher darf man davon ausgehen, daß die tiefe, kompromißlose Religiosität der jungen Frau nicht immer bei der Bewätigung ihrer Alltagsprobleme half. Zuweilen stand sie einer Partnerschaft im Wege, mitunter war Christiane Eberhardine wohl auch dann intolerant, wenn Duldsamkeit angebracht gewesen wäre. Ohne Zweifel paßt es gut in die Schablone vom leichtlebigen und flatterhaften Kurfürst

Friedrich August I., in ihm allein die Ursache für die unglückliche Ehe zu sehen, aber mit der Wirklichkeit dürfte das nicht übereinstimmen. Charakterlich hatten beide gute wie schwache Seiten - die schwachen waren auf Dauer nicht miteinander vereinbar.

Doch nun zurück in das Jahr 1696 und das offensichtlich nur noch formale Miteinander des Sechsundzwanzigjährigen mit seiner um ein Jahr jüngeren Frau. Niemals mehr wird man genau erfahren, was sich um den dritten Hochzeitstag herum zwischen den beiden abspielte. War es die Erregung nur weniger Minuten, der Taumel einer ganzen Nacht oder gar ein Rausch von Tagen und Wochen? Zu Beginn des Sommers schlägt die ordentlich publik gemachte Mitteilung wie eine Bombe ein, die Gemahlin des Kurfürsten von Sachsen sei schwanger, und es werde für den Herbst mit ihrer Niederkunft gerechnet. Man habe die Absicht, fortan von Monat zu Monat zu vermelden, wie die Schwangerschaft der Kurfürstin »avancire« (voranschreite, D.N.). Im übrigen werde man rechtzeitig die »Amme, die Ober- und Unter-Gouvernantinnen, die Ober- und Unter-Cammer-Frauen, und alle die übrigen Bedienten, so die Fürstin bey ihrer Niederkunfft, und den neugebohrnen Printzen oder Princeßin bedienen sollen, denominiren« (ernennen, D.N.). Schließlich wurden noch die Kirchen angehalten, besondere Gebete zu sprechen und allenthalben alle nur ersinnliche und mögliche Anstalten zu machen, damit die hochfürstliche schwangere Frau vor allem Schaden behütet werde.

Am 17. Oktober dröhnt langandauernder Kanonendonner über die Residenzstadt. Auf das Abfeuern der »Stücke«, auf das Zeichen für die Niederkunft hatte man seit Tagen gewartet. Wer von den etwa 20 000 Einwohnern Dresdens gut zu Fuß ist, läuft zum Schloß und versucht zu erfahren, ob man sich über einen Knaben oder ein Mädchen freuen darf. Ein Prinz, es ist ein Prinz! Auch der Name des Neugeborenen macht schon die Runde – Friedrich August, so wie schon sein Vater getauft wurde, hat Christiane Eberhardine ihren Sohn nennen lassen. Bald sind Dutzende Kuriere unterwegs, um sowohl den gegenwärtigen Gesandten als auch den nicht vertretenen »Puissancen« (Regierungen, D.N.) Nachricht von dem freudigen Ereignis zu überbringen. Einige der schnellsten Boten eilen nach Wien. Offensichtlich ungerührt von der in Dresden anstehenden Geburt verweilt hier der Kurfürst, nachdem er wieder einmal gegen die Türken gefochten hatte. Jetzt freilich hält ihn hier nicht Mars, sondern der nicht minder einflußreiche Amor fest. Mittelpunkt des kurzweiligen Scharmützels ist eine Gräfin Esterle; in den »Affären Augusts des Starken« haben wir die bemerkenswerte Episode ausführlich beschrieben.

Natürlich ist die Kurfürstin unglücklich darüber, daß ihr Gemahl zur Niederkunft nicht nach Dresden kam, geschweige denn während der schweren Stunden der Geburt an ihrer Seite weilte. Freilich, neu ist ihr diese Gleichgültigkeit längst nicht mehr. Die Hoffnung auf Besserung der Ehe besteht bei ihr aber immer noch. Vielleicht sieht sie auch – so fragt sie

Kurprinz Friedrich August.

Aurora Gräfin Königsmarck.

sich – ihren Mann zu Unrecht im schlechten Licht? Viel Hilfe und Trost erhält sie in diesen Tagen von ihrer Mutter, Markgräfin Sophie Luise, die schnellstens in die Stadt an der Elbe reist und am 27. Oktober ihrem Mann zu berichten weiß:

»Ich bin gestern Abent wohl hier ankommen und Unsere Frau Dochter sambt ihren Chur Printzen Gottlob gantz wohl gefunden. Er ist wohl ein allerliebster schöner Engel, ist so groß als wan er 8 Wochen alt wäre.«

Wie gesagt, die Situation scheint für die Kurfürstin und ihre Mutter jetzt, nach der Geburt des Stammhalters, einigermaßen hoffnungsvoll. Doch ein paar Tage nach dem glücklichen Brief Sophie Luises trifft in Dresden eine skandalöse Nachricht ein: Soeben ist August der Starke erneut Vater eines strammen Jungen geworden!

Die Mutter des am 28. Oktober 1696 in Goslar geborenen Moritz, Maria Aurora von Königsmarck, gilt als die erste offizielle Mätresse Augusts des Starken. Die Gräfin, die aus schwedisch-brandenburgischem Adel stammte, genoß zwar zum Zeitpunkt der Geburt ihres Kindes nicht mehr das Interesse des Wettiners – eine Gräfin Esterle war der neue Schwarm –, dennoch kümmerte sich der Sachse mit sehr viel Fürsorge um den nichtehelichen Sohn. In diesem Zusammenhang sei auf ein weiteres Werk (siehe Quellenverzeichnis) verwiesen, in dem das Schicksal aller kurfürstlichen Sprößlinge nachvollzogen wird, und zwar »Die Kinder Augusts des Starken«.

Als der zweifache Vater endlich Anfang Dezember

Moritz von Sachsen, Sohn der Gräfin Königsmarck.

Gedenkmünze auf die Geburt des Kurprinzen Friedrich August.

in Dresden eintrifft, um den ehelichen Nachwuchs in Augenschein zu nehmen, ist der Empfang durch seine frustrierte Ehefrau außerordentlich frostig. Das hindert den Lebenskünstler nicht daran, jetzt besonderen Eifer zu entwickeln und die Rolle des vorsorglichen Gatten einzunehmen. Auf die Geburt des Sohnes Friedrich August läßt er eiligst eine Münze prägen, die auf der einen Seite das Brustbild Christiane Eberhardines, auf der anderen Fortuna mit dem Thronfolger im Arm zeigt. Hinsichtlich seiner Vorsorge kommt ihm ein Zufall zustatten. Am 9. September war seine Schwägerin Eleonore Erdmuthe Luise, die Witwe Johann Georg IV., verstorben. Eleonore bewohnte seit 1694 ein Schloß in dem Städtchen Pretzsch, das sie von ihrem Gemahl als Leibgedinge auf Lebenszeit erhalten hatte. Nunmehr hatte August darüber zu verfügen. Als Tauf- und Weihnachtsgeschenk zugleich sprach er das Anwesen Christiane Eberhardine zu; am 8. Januar 1697 ließ er die Überschreibung ordentlich zu Papier bringen.

Krönung ohne Königin

DER 15. SEPTEMBER 1697 war für August dem Starken einer der bedeutendsten Tage seines Herrscherlebens. Von diesem Datum an durfte sich Kurfürst Friedrich August I. stolz als Augustus secundus rex Poloniae, als August II. König von Polen, titulieren. Im altehrwürdigen Dom zu Krakau wurde ihm die kostbare polnische Königskrone aufs Haupt gesetzt. Was Rang und Namen in Polen und Kursachsen hatte, war angereist, um die große Stunde zu erleben. Eine Person allerdings, der es zuallererst angestanden hätte, zu diesem fundamentalen Ereignis an der Seite des Gekrönten zu sein, fehlte – Christiane Eberhardine. Ihre Abwesenheit während der Inthronisation war alles andere als ein Zufall oder die Laune eines Augenblicks, sondern hatte eine längere Vorgeschichte, die mit den merkwürdigen Umständen der Wahl Augusts zum polnischen König zusammenhing...

Im Sommer 1696 verbreitete sich die Nachricht vom Ableben des Johann III. Sobieski, der bis dahin das Königreich Polen regiert hatte. Während sich im Kurfürstentum Sachsen die Erbfolge automatisch regelte, war es in dem östlichen Nachbarland dem Adel vorbehalten, den neuen König zu wählen. Herrscher aller Polen zu sein, das reizte den 26jährigen Wettiner ungemein. Freilich, nicht wenige Kandidaten wurden gehandelt, und es bedurfte nicht nur besonderen finanziellen Aufwandes, sondern auch einer gehörigen Portion List und Tücke, um Erfolg zu haben. Was das Bestechungsgeld anbelangte, so waren die erforderlichen Golddukaten einigermaßen rasch aufzutreiben. Wie hingegen die Diplomatie zu sein hatte, mußte in langwierigen Debatten mit einigen Vertrauten erörtert werden. Engster Berater und zugleich der pfiffigste von allen war Graf Jakob Heinrich von Flemming, dem neben seiner Tüchtigkeit noch der Umstand zugute kam, mit einer Polin verheiratet zu sein und der sich so besser als andere auch in der polnischen Seele auskannte. Die würde es wohl nicht verkraften, so Flemmings Meinung, von einem Potentaten evangelischen Glaubens regiert zu werden. Seine dringende Empfehlung könne nur sein, schleunigst die Religion zu wechseln und sich in aller Form zur römisch-katholischen Konfession zu bekennen!

August dem Starken war sehr wohl bewußt, was er im protestantischen Sachsen für Emotionen auslösen würde, falls er den Glauben wechselt. Angefangen von seiner Gemahlin, die geradezu als Säule des Protestantismus galt, bis hin zum letzten Untertan, wäre mit Entrüstung zu rechnen. Dennoch, wohl kaum jemand würde es wagen, seinen Zorn laut werden zu lassen, und wenn Flemming beteuerte, ohne die Glaubenskonversion wäre die polnische Krone nicht zu erhalten, dann mußte es eben sein.

Am 2. Juni 1697 wurde der auf das Königreich Polen erpichte Kurfürst offiziell zum Katholiken. Bis zuletzt hatte er gebangt, die kirchlichen Vertreter würden im gleichen Atemzug verlangen, daß auch seine Gemahlin konvertieren müsse. Seine Ehefrau dazu zu bewegen, hielt der Wettiner nicht zu Unrecht für völlig ausgeschlossen. Verwandtschaftliche Beziehungen zum Bischof von Raab, einem Vetter Augusts des Starken, der die Zeremonie durchführte, lösten das Problem – die Kirche akzeptierte den Glaubenswechsel von nur einem der Ehepartner. Als es Ende Juni zur Wahl kam, sprach sich ein Großteil des polnischen Adels dafür aus, den sich inzwischen zum katholischen Glauben bekennenden Sachsen zum König zu küren.

Wie ein Lauffeuer verbreiteten sich die Nachrichten von der Konversion und vom Ausgang der Wahldebatte in Sachsen. Christiane Eberhardines Oberhofmeister, Johann Balthasar von Bose, schrieb bereits am 1. Juli an seinen Bruder, dem Geheimen Kriegsrat Christoph Dietrich von Bose:

»Es ist ein Jammer, das Volk auf den Straßen jammern und weinen zu sehen … Die Kurfürstin ist untröstlich wegen des Unheils, womit diese neue Würde uns bedroht. Der gute Gott wolle uns davor schützen!«

So sehr auch die Kurfürstin von dem Glaubenswechsel ihres Gemahls bekümmert war und voller Sorge daran dachte, welche diesbezügliche Entwicklung nun ihr Sohn, Kurprinz Friedrich August, nehmen würde, so ängstlich war sie auch hinsichtlich ihres künftigen Auskommens. Immerhin hatte sie sich mit dem beträchtlichen Hofstaat von etwa 90 Perso-

nen umgeben, zu dem je sieben besonders gutdo-
tierte Hofdamen und Pagen gehörten, aber z.B. auch
sechs Oboisten als festangestellte Musiker und der
Leibkammerzwerg Hans Tramm. Die neue Gravität
und die daraus resultierenden Repräsentationspflichten würden das nach ihrer Meinung immer arg be-

Christiane Eberhardine mit neben ihr liegender Königskrone.

messenen Deputat noch mehr einengen. Ob sie sich in dieser Situation doch klüger mit dem Glaubenswechsels des Gemahls abfinden und gute Miene zum bösen Spiel machen sollte? Als ihr angekündigt wird, der Freiherr Rudolph Gottlob von Seyffertitz solle im Auftrag Augusts bei ihr vorstellig werden, um sie nach Polen zur Inthronisation einzuladen, ist ihr Entschluß längst gefällt: Sie wird den religiösen Wandel ihres Mannes mit stummem Protest entgegentreten, indem sie sich strikt weigert, der Krönungszeremonie beizuwohnen!

Christiane Eberhardine hatte sich in letzter Zeit immer häufiger im Torgauer Schloß Hartenfels aufgehalten. In dem traditionsreichen Renaissancebau – hier hatten sich 1428 der sächsische Kurfürst Friedrich der Sanftmütige und 1548 »Vater« August vermählt, hier ist 1463 der spätere Kurfürst Friedrich der Weise geboren worden, hier lag seit 1485 das politische Zentrum der ernestinischen Linie der Wettiner – fühlte sie sich sehr viel wohler als in der Residenzstadt. So war es auch im Sommer 1697. Ende August allerdings hielt sie es für geraten, sich für einige Zeit zurück nach Dresden zu begeben. Einerseits glaubte sie, durch ihre Anwesenheit im Residenzschloß beruhigend auf jene zu wirken, die gleich ihr in großer Sorge der künftigen Entwicklung entgegensahen. Zum anderen war ihr daran gelegen, Torgau deshalb zu verlassen, um durch ihr Erscheinen in dem mit etwa 20000 Einwohnern großstädtischen Dresden eventuellen Gerüchten vorzubeugen, sie akzeptiere den Religionswechsel des Kurfürsten. Falls sie

August der Starke im Krönungsornat.

nicht viele Leute mit eigenen Augen sehen würden, könnte allzu schnell die Fama kursieren, sie sei inzwischen in aller Heimlichkeit zur Teilnahme an der Krönungszeremonie nach Polen gereist, würde sich in dem Krakauer Dom einfinden und während des Rituals das römisch-katholische Glaubensbekenntnis ihres Mannes über sich ergehen lassen.

August der Starke übte sich zwar in Gelassenheit ob der Abwesenheit seiner Gemahlin, aber die Enttäuschung und der Zorn saßen tief. Von der prunkvollen Inthronisation, zu der er sich mit einem Brustharnisch, römischen Schurzhosen, blausamtenen, hermelingefütterten Mantel und wallenden Federhut geschmückt hatte, ließ er Christiane Eberhardine keinerlei Bericht zukommen. Dennoch, auf Dauer hielt es August nicht für geraten, dem polnischen Adel seine Gattin vorzuenthalten. Fürst Anton Egon von Fürstenberg, von ihm als Statthalter in Sachsen eingesetzt, erhielt die Order, die Königin zu beeinflussen, wenigstens bis nach Danzig zu reisen. Im Februar 1698 faßte August mit einem persönlichen, wenn auch recht unterkühlten Schreiben indirekt nochmals nach, indem er u.a. mitteilte:

»Ich gehe zu kommente woche nacher Dantzig, allwo Ich verharren werde bies im April, nachgehens mich aber zum Reichstag und Campange preparire.«

Christiane Eberhardine verstand durchaus den Wink. Eine Abschrift des Briefes schickte sie ihrem Vater nach Bayreuth und merkte dazu an, daß sie »so gar kein verlangen zu der reise ersehe, ... zumahlen mein ewiges weh ohne genuchsame vorhergeente Ver-

sicherung meiner Religionsfreyheit erfolchen könnte ...«. Tatsächlich fürchtete die junge Frau, in Polen
werde man es nicht nur zu verhindern wissen, daß
sie ihrem Glauben nachkomme, sondern sie vielleicht
dazu zwingen, die Konfession ihres Mannes anzuneh-

Faksimile (Schlußseite) des Briefes der Königin von 1698
an Markgraf Christian Ernst.

men. Die Befürchtung war nicht aus der Luft gegriffen, denn August hatte in Verbindung mit der Königswahl gegen seine Überzeugung notwendigerweise versichern müssen, daß auch seine Ehefrau den katholischen Glauben annehmen werde. Fürstenberg versuchte zu beschwichtigen. Selbstverständlich könne sie in das fremde Land einen Geistlichen ihrer Wahl mitnehmen. Aber, und da mußte der Statthalter unerbittlich bleiben, der Pastor dürfe weder Amtskleidung tragen noch öffentlich predigen! Wie sollte sich vor einer solchen Forderung die überaus fromme Christiane Eberhardine durchringen, dem Ruf ihres Gemahls zu folgen? Im Gegenteil, je mehr versucht wurde, auf sie Einfluß zu nehmen, um so ängstlicher wurde sie. Im März flehte sie ihrem Vater, Christian Ernst von Bayreuth, an, er möge helfen und die Sache so vermitteln, daß sie »Bohlen nicht zu sehen möge bekommen«. Der Markgraf kam damit in eine komplizierte Situation. Die Sorgen seine Tochter verstand er sehr wohl, aber er wollte auch nichts unternehmen, die nunmehr noch attraktivere Ehe mit dem König und Kurfürsten zu gefährden. Christian Ernst verhandelte vorsichtig. Tatsächlich zeigte sich der Schwiegersohn entgegenkommend, »item die Devotion (Andacht, D.N.) kann man so wohl hier (gemeint ist Warschau, D.N.) als Danzig und Thorn halten«, doch es sei »unumbgänglich, daß der Prädikant (Prediger, D.N.) [nicht] anders als in weltlicher Kleidung gehen kann«. Diese Regelung und eine Reihe weiterer Absprachen brachte man in Warschau zu Papier; der König, Christian Ernst und auch der

Bischof von Raab unterzeichneten das Dokument. Der Wirkung nicht allzu sicher, begab sich der Markgraf sogleich auf die Rückreise.

Am 29. April 1698 traf Christiane Eberhardines Vater in Torgau ein und legte der Tochter das Abkommen vor. Beifall gab es für ihn nicht, es kam, wie insgeheim schon befürchtet: die Königin blieb bei ihrer ablehnenden Haltung. Nach mancherlei weiteren Versuchen – auch der Bischof von Raab schaltete sich ein – griff der Markgraf Ende Juni zur Feder, um dem Schwiegersohn klipp und klar das Scheitern aller Bemühungen zu erklären: Seine Tochter käme endgültig nicht in das Königreich, geschweige denn, daß die Lutheranerin die Konfession wechsle. Dabei blieb es dann auch – polnischen Boden hat Christiane Eberhardine niemals betreten.

Der fortwährende Ehebruch

VON DER TATSACHE, daß August der Starke im Abstand von nur wenigen Tagen Vater eines ehelichen wie eines unehelichen Sohnes wurde, ist im Kapitel »Die Oktoberkinder« bereits berichtet worden. Aurora von Königsmarck, die Mutter des am 28. Oktober 1696 geborenen Moritz, war zu diesem Zeitpunkt als Mätresse nicht mehr aktuell. Als das neue Subjekt der Begierde galt jetzt die ebenfalls schon erwähnte Gräfin von Esterle. Mit dem Gatten der jungen Frau verhandelte August ungeniert über den Preis für das Abenteuer, und ebenso ungezwungen nahm er die Gespielin mit an den Hof nach Dresden. Im Frühsommer 1698 kam es zu einer Begegnung zwischen der Esterle und Christian Ernst, dem Vater Christiane Eberhardines. Der Markgraf teilte daraufhin seiner Gemahlin nach Bayreuth mit, er habe sich die Mätresse eigentlich viel hübscher und galanter vorgestellt. »Die Amour zwischen Ihr und dem König scheinet sich zimblich verlohren zu haben, und hat der König auf mein letzteres Zureden sich bereits disponiren lassen, Ihr anzeigen zu lassen, daß Sie nunmehr das Schloß werde räumen müssen, weilen Dero Gemahlin, die Königin, ehestens anhero kommen werde«, schrieb Christian Ernst weiter.

Bemerkenswert an diesem Bericht ist der auf Be-

Gräfin Esterle.

schwichtigung seiner Frau ausgerichtete Tenor des
Briefes, wo man hier doch eigentlich heftige Zornes-
äußerungen des Vaters wegen seiner gehörnten Tochter erwarten sollte. Allerdings ist die Verhaltensweise
charakteristisch für die damalige Zeit. Während ansonsten in Sachsen noch Todesurteile wegen Ehe-
bruchs Verheirateter nichts außergewöhnliches wa-

ren, stand der Landesherr gewissermaßen außerhalb der sittlichen Ordnung, was unbestritten auch Augusts Schwiegervater so empfand. Der wollte darüber hinaus die noble Stellung seiner Tochter – man bedenke, durch den Schwiegersohn war sie Königin geworden! – unter keinen Umständen gefährden und versuchte, die Situation rosarot zu sehen. Was mag die tugendhafte Christiane Eberhardine empfunden haben, als ihr ein allgemeines »Gutachten« bekannt wurde, mit dem einige juristische Kapazitäten die entsprechenden Verhältnisse zu rechtfertigen versuchten? »Die Verachtung, die eine außereheliche Geschlechtsgemeinschaft verdient, greift bei großen Herren und Fürsten nicht, da diese den Strafgesetzen nicht unterworfen sind, sondern allein Gott von ihren Handlungen Rechenschaft geben müssen. Auch scheint sich auf eine Konkubine etwas von dem Glanz ihres Geliebten zu übertragen.« So jedenfalls stand es in dem eiligst bestellten Sachverständigenbericht dreier Professoren der Alma mater hallensis, der noch jungen, erst 1694 gestifteten Universität zu Halle an der Saale.

Fortwährender Ehebruch des de jure an die Seite Gottes gerückten Herrschers mit nahezu einem Dutzend Mätressen, die als fast ebenso von den Gesetzen abgehoben galten, gehörten zum Ehealltag Augusts des Starken mit Christiane Eberhardine. Nach Gräfin Esterle, die ihrerseits wegen Untreue schon bald den Laufpaß erhielt, kam die dunkelhaarige Schönheit Fatima. Am 19. Juni 1702 wurde sie von einem kräftigen Knaben entbunden, den sie im Gedenken an seinen Vater auf den Namen Friedrich August taufen ließ. Was wird in Christiane Eberhardine vorgegangen sein, als sie von der Geburt und der Namensgebung, die ja identisch mit der des Kurprinzen war, erfuhr? Der stolze Vater – August der Starke – ließ später den Sprößling Rutowski nennen und erhob ihn in den Grafenstand. 1706 durfte sich Fatima erneut freuen, dem König ein weiteres Kind gebären zu können. Diesmal war das Baby ein Mädchen: Maria Aurora. Auch gegenüber dieser Tochter sorgte August mit allem Nachdruck für eine standesgemäße Entwicklung.

Überhaupt, die schon einmal erwähnte, in Fürstenkreisen durchaus nicht selbstverständliche Fürsorge des Königs für ausnahmslos alle seine Kinder soll bei aller Tragik der permanenten Ehebrüche nicht gering geschätzt werden. Johann Georg, am 21. August 1704 geboren und gezeugt mit der polnischen Mätresse Ursula Catherina Lubomirska, wird es über die ihm vom Vater wohlwollend aufgezwungene Station eines Malteserritters bis zum Oberkommandierenden der sächsischen Armee bringen. Die Karriere des zweitgeborenen Sohnes Moritz führte bis zum Rang eines Marschalls von Frankreich, und auch die drei mit der wohl bekanntesten Geliebten Augusts des Starken – Gräfin Constantia von Cosel – gezeugten Kinder erhielten bei aller späteren Hartherzigkeit ihrer Mutter gegenüber großzügige Förderung: Augusta Constantia (geboren 1708) verheiratete August mit dem wohlhabenden Grafen Friesen, die 1709 zur Welt gekommene Friederike Alexandrine von Cosel

Gräfin Cosel.

erhielt den angesehenen polnischen Grafen Moszyn-
ski zum Mann, und der 1712 geborene Friedrich
August von Cosel brachte es bis zum General der
Kavallerie. Schließlich ist noch Anna Katharina zu
nennen, die 1707 aus der Verbindung Augusts mit
Henriette Renárd hervorging und später als Gräfin
Anna Orzelska Aufsehen erregte, u. a. deshalb, weil
sie 1728 vom preußischen Kronprinzen geschwän-

gert wurde. Anna Katharina hatte ihr Vater wohl in besonderer Weise ins Herz geschlossen. Nicht nur, daß sie als einziges der nichtehelichen Kinder ein eigenes Schloß geschenkt bekam (das Blaue Palais in Warschau). Als Augusts Gemahlin verstarb, erhielt Anna Katharina und nicht die »richtige« Schwiegertochter Maria Josepha – die Frau des legitimen Sohnes – den überaus kostbaren Brillantschmuck Christiane Eberhardines, der damals einen Wert von 30000 Reichstalern gehabt haben soll.

Sicher war es für die Kurfürstin und Königin tragisch, die reiche Kinderschar zu erleben, die ihr Gemahl mit seinen Mätressen in die Welt setzte, während sie nach der Geburt des Sohnes dafür nicht mehr gefragt schien. Schlimmer noch dürften für die zurückhaltende Ehefrau die unmittelbaren Begegnungen mit den Geliebten ihres Mannes gewesen sein, zumal diese ihr nicht etwa mit Schuldgefühlen, sondern zuweilen mit selbstbewußter Arroganz entgegentraten. Als sich beispielsweise Christiane Eberhardine und die Lubomirska im Dresdner Schloß begegneten und sich die Königin höflich erkundigte, seit wann denn die Polin in Sachsen weile, war die hochmütige Antwort, sie sei mit dem König gekommen, und sie werde wohl auch bald wieder mit ihm zurückkehren! Später, als die so kluge wie schöne Gräfin Cosel der Dreh- und Angelpunkt des Geschehens bei Hofe war, hielt es die Königin nur selten einmal länger im Residenzschloß aus, als wegen der Repräsentationspflichten unbedingt erforderlich. Schloß Hartenfels in Torgau und zunehmend mehr das elbabwärts gelegene Schloß Pretzsch wurden ihr Zufluchtsstätten, wo sie einigermaßen zur Ruhe und zu sich selbst fand. Die Bekanntschaft mit weiteren Mätressen ihres Mannes, so mit den geistig weniger regsamen Damen Maria Magdalena von Dönhoff und Sofia von Dieskau, blieb ihr dennoch nicht erspart. Fast kann man es als eine Ironie des Schicksals ansehen, daß die letzte offizielle Konkubine Augusts des Starken, Henriette von Osterhausen, ausgerechnet aus der abgeschiedenen Pretzscher Umgebung Chri-

Schloß Pretzsch.

stiane Eberhardines hervorging. Die Baronesse gehörte zum Hofstaat der Königin. Als sie sich 1719
wohl oder übel wegen der anstehenden Vermählung
des Kronprinzen Friedrich August mit der Katholi-
kin Maria Josepha, der Tochter Kaiser Josephs I., auf
den Weg nach Dresden begab, reiste die junge Hof-
dame selbstverständlich mit. Bei der Rückfahrt der
Königin fehlte die Osterhausen im Troß. Sie vergnüg-
te sich inzwischen mit dem König im Jagdschloß
Moritzburg...

Der Alltag der Ehefrau

ABGESEHEN von den Mätressen an der Seite Augusts des Starken und manchem damit verbundenen öffentlichen Eklat, schien nach außen hin die Ehe des Königspaars zwar nicht unbedingt glücklich, alles in allem aber doch als eine gut funktionierende Einrichtung. Immer, wenn es die Umstände verlangten, stand Christiane Eberhardine zur Verfügung, um den Schein standesgemäßer ehelicher Verhältnisse zu wahren. Das Hoftagebuch kündet davon, daß innerhalb eines Kalenderjahres an etwa 50 bis 60 Tagen gefeiert wurde, und meist war die Königin anwesend. Gut bei Kasse war ihr Gemahl nur höchst selten, obwohl er beim Erfinden von Steuern recht einfallsreich war. So kam er beispielsweise im Jahr 1700 auf die Idee, Stiefel, Schuhe und Pantoffeln, Hüte und Perücken, Tabakspfeifen, Spielkarten und selbst Kanzleipapier mit einem vierprozentigen Steuerzuschlag zu belegen. Wenn es aber um Feste ging, war der Landesherr alles andere als sparsam, und auch Christiane Eberhardine konnte ob ihrer materiellen Sicherstellung nicht klagen – immerhin war ihr Gemahl mit Geschenken nicht kleinlich und finanzierte zuverlässig ihren verhältnismäßig umfangreichen Hofstaat. Auch insofern schien also die Ehe zwischen den beiden keine Tragödie zu sein.

Dennoch, vom 10. Juli 1705 ist ein Brief der Königin an ihren Vater erhalten geblieben, in dem es u.a. heißt:

»Ewer Gnaden wenten Dero vetterl. gnad und hertz nicht von mir, die ich ohne dem die unglückseeligste auf erden bin, welche mit so vielen leuden umgeben, daß ich wohl tegl. und stüntl. nach meiner erlößung seufze und ein seeliges ende mir ales guht machen könte.«

Die vielen Christiane Eberhardine zur Verfügung stehenden Bediensteten, das nicht kleinliche Leibgedinge, das Domizil in Torgau und Schloß Pretzsch konnten jedoch die abgestorbene innere Zuneigung nicht ersetzen. Daß es keinerlei Seelenverwandtschaft, kein Gefühl mehr und Verständnis füreinander gab, war der Kern des Eheproblems. So sehr sich auch der Alltag der Königin dem Betrachter als reich gefüllt vorstellt, so verdrängte doch die Fülle letztlich kaum einmal die Einsamkeit der tiefgläubigen Frau. Die Teilnahme am Gottesdienst, mitunter mehrmals am Tag, und die religiöse Betätigung waren eine der auffälligen Aktivitäten der »Betsäule Sachsens«. Das führte u.a. zu der symptomatischen Alltagsbeschäftigung, daß sie fördernden Einfluß auf die Herausgabe von Kirchengesangbüchern nahm. Nachdem bereits 1703 im Vorwort eines entsprechenden Werkes davon die Rede war, daß »eine hohe so christ= als Fürstliche Person« mitgewirkt habe, Lieder nicht nur für sich, sondern auch für ihre Bediensteten zu sammeln, konnte der Torgauer Superintendent Johann Christian Bucke in der 16 Jahre später erscheinen-

Christiane Eberhardine im fortgeschrittenen Lebensalter.

den Nachauflage verkünden: Gegenwärtiges Gesangbuch sei von einer hohen fürstlichen Person erstlich zusammengetragen und »anjetzo, von einer großen Königin, von unserer allertheuersten Landesmutter, ... vermehret worden«.

Es ist vorstellbar, daß die Vereinsamung der Ehefrau das Bedürfnis nach immer häufigerer Zwiesprache mit ihrem Herrgott gefördert hat. Wie tief sie freilich im protestantischen Glauben verwurzelt war, belegt nicht nur der Kummer, den die Konversion Augusts des Starken zum Katholizismus in ihr auslöste. Das Drama wiederholte sich mit ihrem Sohn Friedrich August, dessen Erziehung der Vater nicht in ihre Hände, sondern in die Anna Sophies, der Witwe Johann Georgs III., gelegt hatte. Wie gut wird es Christiane Eberhardine getan haben, als sich der 14jährige im Oktober 1710 in Lichtenburg, dem Wohnsitz seiner Großmutter, konfirmieren ließ, tags darauf mit ihr gemeinsam das Heilige Abendmahl empfing und an Eides statt versprach, allezeit ein treuer Protestant zu bleiben! Doch als es sieben Jahre später um die anstehende Vermählung und damit um die große Politik ging, war das Versprechen vergessen. Fassungslos starrte seine Mutter auf die in französischer Sprache abgefaßten Zeilen, mit der ihr Friedrich August mitteilte, er habe sich zum Religionswechsel entschlossen. Ein Vierteljahr lang war die erschütterte Christiane Eberhardine nicht in der Lage, dem jungen Mann zu antworten. Dann schreibt sie zurück, er habe Grund zu fürchten, daß seine Entscheidung ihr sehr empfindlichen Kummer bereite, doch mit dem Hinweis »um Ihr Heil handelt es sich, mein Sohn«, bemüht sie sich um Fassung. Bis zu ihrem Lebensende lag zwischen ihr und dem Sohn mehr als eine Welt!

Nach dem in der reizvollen Elblandschaft des Städtchens Prettin gelegenen Schloß Lichtenburg ist Christiane Eberhardine übrigens hin und wieder gern gereist. Als dort im Sommer 1717 Anna Sophie, die Mutter Augusts des Starken, verstarb, zögerte der König lange, wie es mit dem Renaissancebau weitergehen sollte, der seit seiner Errichtung ausgangs des 16. Jahrhunderts als Sitz sächsischer Kurfürstinnnen genutzt wurde. Erst 1727 entschloß er sich, »Unser Schloß und Vorwerk Lichtenburg sowie das Vorwerk Zabeltitz mit allen Einkünften« an seine Frau abzutreten. In einem entsprechenden Kabinettsreskript vom 12. Mai heißt es dazu: »Bereits vor Jahren sagte Uns Unsere Gemahlin, sie wünsche ein weltliches Stift zu errichten zum Unterhalt einer gewissen Anzahl unverehelichter Weibspersonen, die in Sachsen und zugehörigen Landen geboren und Augsburgischer Konfession seien…«. Der nahe Tod gab Christiane Eberhardine keine Gelegenheit mehr, das Damenstift einzurichten.

So wie die Anwesenheit bei den Hoffesten zum Alltag der Königin gehörten, war es auch mit dem Besuch der Leipziger Messen. Unter dem 5. Januar 1700 ist beispielsweise im Hofjournal notiert:

»Den 5. Abends umb 7 Uhr gelangete Ihre Mayt. unsere allergnädigste Königin von Dreßden über Wurzen, allda Sie diesen Mittag gespeiset, in Leipzig

an und bezogen im Welschen Hause ihre vorig inne-
gehabten Gemächer im mittleren Stock« – der König war schon seit zwei Tagen in der Messestadt. Daß
die Majestäten nicht zum selben Zeitpunkt eintrafen
geschweige denn zusammen reisten, gehörte zum
normalen Ritual. Christiane Eberhardine kam zwar
Stunden oder auch Tage später, aber immerhin, sie
erschien, um zu repräsentieren. Belegt ist allerdings
auch, daß sie von ihrem Gemahl in einer politisch
komplizierten Situation ausdrücklich aufgefordert
werden mußte, sich in Leipzig zu zeigen, und zwar
zu jener Zeit, als dessen Affäre mit Constantia von
Cosel in aller Munde war. Man schrieb das Jahr 1706.
Seit der Jahrhundertwende war August der Starke
vom Nordischen Krieg und seinem Kontrahenten,
König Karl XII. von Schweden, in Atem gehalten
worden. Nunmehr hatte der siegreiche Karl mit seinen Truppen Sachsen besetzt und in dem unweit vor
den Toren Leipzigs gelegenen Schloß Altranstädt mit
dem Wettiner einen Friedensvertrag geschlossen, der
u.a. den Verzicht auf die polnische Krone einschloß.
»Ein harten Frieden«, wie August seiner Mutter
schrieb, mit enormen Geldforderungen der Sieger.
Da wäre es doch nützlich, seine Gattin einzusetzen,
um bei dem frommen Schweden gleichen Glaubens
für ihn gut Wetter zu machen. Christiane Eberhardine hielt sich zu jener Zeit wieder einmal in Bayreuth
auf. Als sie Anfang Januar 1707 die Nachricht erhielt,
sie möge doch nach Leipzig kommen, lehnte sie strikt
ab. Auch die Cosel weile in der Stadt an der Pleiße,
und die würde sich jetzt als Frau des Königs bezeich-

nen. Nur wenn diese anmaßende Person aus der Stadt entfernt wäre, würde sie anreisen. August will die Cosel tatsächlich fortschicken, doch die weigert sich so hartnäckig, daß es der König vorzieht, seinerseits abzufahren, und zwar zu seiner Mutter nach Lichtenburg

Dennoch, zurückgekehrt nach Dresden, versucht sich Christiane Eberhardine solange in normaler Hofhaltung, wie es die Diplomatie erfordert. Jeweils Montags und Donnerstags stehen ihre Räume im Schloß offen für Geselligkeit, und nicht nur einmal läuft ihr die wunderschöne Geliebte ihres Mannes über den Weg. Im Mai, als es so scheint, als würden die Schweden in Kürze Sachsen räumen, zieht sie sich mit einem tiefen Aufatmen nach Torgau zurück – viel länger wäre ein Leben in unmittelbarer Nähe der weltgewandten Mätresse nicht zu ertragen gewesen. Das Torgauer Schloß Hartenfels gehörte seit 1701 zum häufig gewählten Aufenthaltsort der Königin. Zwar war sie auch schon vor dieser Zeit hier anzutreffen, nachdem aber am 25. März 1701 ein Feuer ihre Gemächer im Dresdner Georgenbau verwüstet hatte, mußte sie ein entsprechendes neues Domizil auch für ihren Hofstaat wählen. Von Hartenfels, das vermutlich aber auch nicht mehr in gutem Zustand war, verlagert sie dann die Hofhaltung mehr und mehr zum etwa 25 Kilometer entfernten Schloß Pretzsch. Auf ihr Leben hier wird im folgenden Abschnitt noch einzugehen sein; zuvor ist noch ein Torgauer Ereignis zu schildern, das aus dem dort eher grauen Alltag der Christiane Eberhardine herausragte.

Auch wenn ihr die Erziehung des eigenen Sohnes nicht vergönnt war, gehörte die Formung junger Prinzessinnen, anderer adliger Damen, aber auch Mädchen aus dem bürgerlichen Stand zu ihren bevorzugten Tätigkeiten. Das vollzog sich zumeist in dem Schloß Hartenfels. Anfang Dezember des Jahres 1700 führte ihr eine Herzogin von Wolfenbüttel ihre Tochter Charlotte Christiane Sophie zur Erziehung zu. Elf Jahre später sollte Christiane Eberhardine in Torgau die exzellente Vermählung der Prinzessin Charlotte von Braunschweig-Wolfenbüttel erleben, und zwar mit dem Sohn des russischen Zaren Peter I. Selbstverständlich verbarg sich auch hinter dieser Eheschließung die große Politik – der mächtige Herrscher aller Reusen suchte nach Wegen, seinen Einfluß auf die westlichen Dynastien auszudehnen. Der um Unterstützung gebetene August der Starke, der Bundesgenosse Peters des Großen im Kampf gegen die Schweden, konnte zwar selbst im Augenblick keine Tochter als Heiratskandidatin präsentieren, doch die kleine Wolfenbütteler Prinzessin aus dem Umfeld seiner Frau schien ihm passend zu sein. Die Herren verständigen sich rasch über den Vorgang. Viel Federlesen treibt man nicht, als sich die beiden gekrönten Häupter Anfang Juni 1711 treffen und über den Ehevertrag verhandeln. Noch in diesem Jahr soll der Zarewitsch heiraten, in Torgau, bei Christiane Eberhardine, die das Fest schon richten wird. Als die 17jährige Prinzessin Charlotte von dem ihr bestimmten Eheschicksal vernimmt, ist sie alles andere als glücklich. Der vier Jahre ältere Alexei Petrowitsch ist ihr unsympathisch. Aber wie kann sie sich wehren? Christiane Eberhardine mag sie getröstet und von dem zu erwartenden schönen Fest erzählt haben, dessen Glanz über Sachsen hinaus erstrahlen wird. So luxuriös, wie gedacht, ist die Hochzeit nicht geworden. Peter I. – der Große – reiste zwar mit mehreren Hundert Begleitern an, um am 25. Oktober an den Zeremonien im Schloß Hartenfels teilzunehmen, doch die Auseinandersetzungen mit den Truppen Karls XII. um den Zugang Rußlands zur Ostsee ließen kaum Muse zu. Einen Luxus allerdings leistet sich der Zar; am Tag nach der Vermählung nimmt er sich Zeit, um mit einem der großen Gelehrten des Jahrhunderts zu konferieren, mit Gottfried Wilhelm Leibnitz. Das Universalgenie war ein willkommener Ratgeber für die Organisation des wissenschaftlich-geistigen Lebens in Rußland nach dem von Peter angestrebten westeuropäischen Vorbild. Leibnitz, der 1700 die Berliner Akademie der Wissenschaften gegründet hatte, regte intensiv zur Gründung einer Akademie in Petersburg an. In den Räumen des Torgauer Schlosses sind die Leitgedanken einer russischen Wissenschaftsakademie erörtert worden. 1724 nahm die Einrichtung in Petersburg ihre Arbeit auf.

Sieben Jahre mußte Christiane Eberhardines Schutzbefohlene an der Seite des Zarensohns Alexei Petrowitsch ausharren. Dann – 1718 – ließ Peter I. den Zarewitsch hinrichten. Zu diesem Zeitpunkt hielt sich die Königin kaum noch in Torgau auf; ihr nunmehr endgültiges und zugleich letztes Zuhause war das Schloß Pretzsch.

Dem Ende entgegen

ES IST SCHON davon berichtet worden, daß August der Starke nach der Geburt des Thronfolgers seiner Gemahlin Schloß Pretzsch übertrug. Das Geschenk hatte Christiane Eberhardine dankbar angenommen, wenn auch das Torgauer Schloß Hartenfels zunächst häufiger als das ein Stück weiter elbabwärts gelegene Pretzscher Domizil aufgesucht wurde. Nachdem man in Pretzsch jahrelang intensive Reparaturarbeiten ausführte – z.B. veranschlagte der Hofbaumeister Matthäus Daniel Pöppelmann allein für das Jahr 1714 dafür 3507 Taler an Baugeld –, nutzte die Königin seit 1721 den Renaissancebau als festen Wohnsitz.

Pretzsch, am Übergang von der Elbaue zwischen Torgau und Wittenberg zur Dübener Heide gelegen, hatte 1652 das Stadtrecht verliehen bekommen. Acht Jahrzehnte zuvor war von einem der sächsischen Erbmarschälle aus der Familie Löser das Schloß an einer Stelle errichtet worden, wo bereits vor dem Jahr 1000 eine Burg stand. Hans von Löser, so kann man es einem über den Eingang zum Schloßturm gemeißelten Spruch entnehmen, hatte die Grundmauern so tief in den Boden setzen lassen, wie das Gebäude hoch ist und damit – wie er wohl meinte – stabil für die Ewigkeit gebaut.

Als Christiane Eberhardine im letzten Jahrzehnt

des 17. Jahrhunderts Bekanntschaft mit dem Schloß machte, mag sie sicherlich nicht zuerst von der massiven Bauweise und dem gegenüber Hartenfels immer noch besseren Gesamtzustand beeindruckt gewesen sein. Vielmehr dürfte sie die reizvolle Umgebung sehr eingenommen haben, zumal sie rasch erkannte, daß sie hier einer gewissen Vorliebe – dem »Garten-Baw« – nachkommen konnte. Erst 1689 war das Anwesen in unmittelbaren kurfürstlichen Besitz übergegangen; die Vorbesitzer aus der Familie von Arnim (einem weitverzweigten, seit dem Jahr 1204 bekannten märkischen Adelsgeschlecht, das sich später auch in Sachsen niederließ) hatten kaum gärtnerische Anlagen hinterlassen. Jetzt sah die Königin die reizvolle Möglichkeit, sich in diesem Bereich einzubringen, wobei sie sich insbesondere ab dem zweiten Jahrzehnt des 17. Jahrhunderts bis zu ihrem Lebensende auf Pöppelmann stützen konnte. Der ideenreiche Landbaumeister stand ihr auch zur Verfügung, als es um die »adaptirung (hier: Verbesserung, D.N.) einiger Zimmer und apartemens im unteren Stockwerk des Schlosses« ging, wie aus einem Brief ihres Ehemannes hervorgeht.

Von den von August dem Starken seiner Ehefrau regulär zur Verfügung gestellten Mitteln wurden für die Pretzscher Gartenanlage zwischen den Jahren 1702 und 1718 annähernd dreißigtausend Taler ausgegeben. Trotz dieser beträchtlichen Summe bat die Königin 1704 mit Hinweis auf ihre gärtnerischen Ambitionen in Pretzsch um einen Nachschlag. Vorerst auf sechs Jahre begrenzt erhielt sie daraufhin jährlich weitere 2000 Taler zugebilligt, und ab 1717 verlängerte ihr Gemahl das Zugeständnis bis auf Widerruf, der bis zum Ableben Christiane Eberhardines nicht erfolgte. Fürwahr, eine großzügige Unterstützung, und noch einmal wird an diesem Beispiel deutlich, daß die Ehetragödie nicht unmittelbar durch materielle Probleme bedingt war.

Die Mätressenwirtschaft Augusts und die damit verbundenen Demütigungen wie auch sein Religionswechsel und später auch der des Sohnes wurden durch den goldenen Käfig kaum gemildert. Allzugern hätte die Königin mit dem Gatten z.B. über den Neubau einer Orangerie oder über Skulpturen und Delfter Fayencen gesprochen, die im Pretzscher Lustgarten plaziert werden sollten. Das gab es nicht. Wenn August in Pretzsch auftauchte, dann nur im Vorübereilen für kurze Zeit. Oder – um ein weiteres Beispiel zu nennen – wie hätte es ihr gut getan, wenigstens einmal mit dem Herrn Gemahl in ein Kurbad zu reisen oder zumindest dort von ihm aufgesucht zu werden. Ob 1700 nach Bad Ems oder ab 1702 häufig nach dem böhmischen Teplitz – an ihrer Seite war der Oberhofprediger Carpzov oder ein anderer Geistlicher, der König niemals. Als dieser seinerseits 1705 vier Wochen lang versuchte, sich in Karlsbad kurieren zu lassen, versüßte ihm Constantia von Cosel den Aufenthalt. Wie hätte da Christiane Eberhardine einén Besuch abstatten sollen?

Von der Kindheit an mit der Bibel aufgewachsen, betätigte sich die Königin in Pretzsch mit Leib und Seele als praktizierende Christin. Darin wie auch im unermüdlichen Besuch der Gottesdienste suchte und fand sie wohl auch oft ihren inneren Frieden. Witwen und Waisenkinder und manche anderen Notleidenden, auch von Feuersbrunst heimgesuchte Gemeinden und hilfsbedürftige Gotteshäuser, bekamen von ihr Unterstützung. Noch heute stößt man in der Pretzscher Stadtkirche St. Nikolaus auf die Spuren ihres Wirkens. Auf Christiane Eberhardine geht die barocke Umgestaltung des nur wenige hundert Meter vom Schloß entfernten Gotteshauses zurück, das zugleich auch Hofkirche war. Diese Aufgabe übertrug sie 1720 Matthäus Daniel Pöppelmann. Die Decke über dem Schiff der Kirche mit dem Wappen und dem Monogramm, das sich mit C E K (Christiane Eberhardine Königin) auch in der Wetterfahne befindet, die Draperien unter der Eberhardinenloge und schließlich der Turmkopf tragen unverkennbar die Handschrift des großen Baumeisters. Damals stattete Pöppelmann den Turm mit einem neuen hölzernen Obergeschoß aus, dessen von Pilastern gerahmte Bogenöffnungen an seine berühmte Architektur des Dresdner Zwingers anknüpfen.

Die letzten Lebensjahre der Königin in Pretzsch waren entscheidend von dem Geschehen im Schloß, der Gartenanlage und der Kirche geprägt. Die Brükken nach draußen lösten sich allmählich auf. Hinaus in die große weite Welt, die damals schon in Torgau begann, fuhr sie nur noch selten. Wenn das Wetter die Wege in einen nicht noch schlimmeren Zustand versetzt hatte – schlecht befahrbar waren sie immer –, dann konnte sie ohne Pferdewechsel in

Eberhardinenloge in der Pretzscher Kirche St. Nikolaus.

etwa zwei bis drei Stunden in Schloß Hartenfels sein und ohne zu Übernachten zurückkreisen. Über Torgau verliefen zwei der insgesamt acht Hauptstraßen auf sächsischem Territorium, und zwar die von Leipzig nach Danzig und von Dresden nach Wittenberg. Insofern quirlte hier das Leben viel intensiver als im abgelegenen Pretzsch. Für die ernste, Ruhe und Abgeschiedenheit suchende Königin bedeutete der Tagesausflug keine Entspannung. Noch aufregender und anstrengender war es natürlich in der Residenzstadt Dresden, wo sich Christiane Eberhardine hin und wieder im Schloß oder auch in Gorbitz, das ihr von dem Gemahl 1701 geschenkt worden war, immer noch zu zeigen hatte. Auch die Verwandtschaft in Bayreuth durfte sich zuweilen über ihre Besuche freuen, doch nachdem 1726 ihr Bruder Georg Wilhelm verstarb und ein Vetter der neue Schloßherr wurde, brach auch diese Brücke ab.

Der Tod des ihr sehr ans Herz gewachsenen Georg Wilhelm eine Woche vor Weihnachten belastete die schon seit geraumer Zeit kränkelnde Königin zusätzlich. Das Ende nahte mit immer schnelleren Schritten. Bis auf den heutigen Tag erzählt man sich in Pretzsch von ihrem Lieblingsaufenthalt, der sich etwas erhöht unter der gewaltigen Krone eines Kastanienbaums befunden hätte. Hier habe sie gern gespeist, Audienzen erteilt, in der Bibel gelesen oder auch nur die Natur betrachtet. Ob Christiane Eberhardine, die noch nicht einmal das sechsundfünfzigste Lebensjahr vollendet hatte, im Spätsommer 1727 ihren nahen Tod spürte, vielleicht sogar herbeisehnte? Schweren Herzens, aber doch mit nüchterner protokollarischer Sorgfalt, hielt der Pretzscher Pfarrer Magister Johann Balthasar Mathesius im Sterbebuch seiner Gemeinde unter der laufenden Nummer 36 dann das traurige Ereignis fest:

»Die Allerdurchl. Fürstin und Frau, Frau Christiana Eberhardina, Königin in Pohlen und Churfürstin zu Sachßen starb eines höchstseel. Todes den 5ten Septembris früh gegen 2. Uhr, und wurde beygesetzt den 8ten Sept., Abends umb 7 Uhr, dero Leichen-Predigt wurde gehalten am 15. p. Trinit., von Ew. Hochwürdigen Magnificenz den Oberhoff-Predigern Herrn Doctor Bernhard Walther Marpergern über den 6. vers des 16. Psalms, der Herr ist mein Gut und mein Theil, du erhältest mein Erbtheil, Ihro Königl. Alter war 55 Jahr, 36 Wochen und 2 Tage.–«

Oberhofprediger Marperger, der seit dem Sommer 1724 ihr persönlicher Seelsorger wie auch Reisegefährte war, hatte am 7. September in Dresden die Gedächtnispredigt gehalten und sich anschließend auf den Weg nach Pretzsch begeben. Im Anschluß an die Beisetzung der Königin machte er sich über die Umstände des Ablebens kundig und hielt das Ergebnis am 21. September 1727 schriftlich fest. Nach diesem authentischen Bericht hatte Christiane Eberhardine am 2. September nach einem Spaziergang durch den Garten noch etwas von einer Melone gegessen und sich dann zur Nacht gebettet. Am nächsten Morgen war ihr übel, was von Stunde zu Stunde zunahm. Am 4. September fühlte sie sich so schwach, daß Pfarrer Mathesius an das Krankenbett

Titelseite des Berichts D. Marpergers
über Christiane Eberhardines Eingang in den Tod.

gerufen wurde. Mit schwacher Stimme bat die schon
vom Tod Gezeichnete den Geistlichen, mit ihr einige Lieder zu singen, wobei die Königin von Vers zu
Vers die Augen sehnsuchtsvoll nach dem Himmel
richtete. Ihrem Oberhofmeister, Graf von Geyersberg,
trug sie an, allen Mitgliedern des Hofstaates für die

Treue zu danken, ermahnte die Umstehenden, für die von ihr momentan betreuten Kinder zu sorgen und bezeichnete schließlich die Stelle in der Kirche, wo sie beigesetzt werden wollte. Wiederholt versuchte die Königin, sich aufzurichten. Befragt danach, wohin sie wolle, antwortete sie: »Wohin? In den Himmel, in den Himmel.«

Weder ihr Gemahl, August der Starke, noch ihr Sohn, Kurprinz Friedrich August, erschienen zum Begräbnis. Im Herbst 1720 hatte der Vater dem Sohn Anweisung für den Fall des Ablebens der Königin erteilt. Man möge sie nach Freiberg schaffen und dort ohne viel Pomp beisetzen, so wie es im Juli 1717 mit Augusts Mutter, Anna Sophie, geschehen sei. Der Befehl des Königs wurde nicht befolgt. Wie sie es gewünscht hatte, bestatte man die nicht nur von den Pretzscher Bürgern verehrte Frau in St. Nikolaus. Zum einzigen Schmuck der außergewöhnlich schlichten Gruft war eine schmiedeeiserne, mit einer Krone versehene Gittertür bestimmt worden, die heute folgende Inschrift trägt:

HIER RVHT IN GOTT
CHRISTIANE EBERHARDINE.
GEMAHLIN DES KVRFÜRSTEN v. SACSHEN
u. KÖNIGS v. POLEN
AVGVST DES STARKEN. GEB. PRINZESSIN
v. ANSBACH-BAYREVTH.
* 19.XII.1671   + 5.IX.1727

Quellenverzeichnis

Akten d. Kirchenarchivs zu St. Nikolaus. – Pretzsch

Blanckmeister, F.: Christiane Eberhardine, die letzte evangelische Kurfürstin von Sachsen. – In: Beiträge z. sächs. Kirchengeschichte 1891, H. 6

Haake, P.: Christiane Eberhardine und August der Starke. Eine Ehetragödie. – Dresden 1930

Helldorf, J.v.: Schloß Pretzsch – Leben und Leiden am Hofe der Gemahlin Augusts des Starken. – Schwerin 1899

Hilscher, P.G. / Klemm, G.: Chronik der Königlich Sächsischen Residenzstadt Dresden. – Dresden 1837

Mertens, K.: Zur Baugeschichte von Schloß und Park in Pretzsch. – In: SAXONIA 1995, S.72 ff.

Nadolski, D.: Die Affären Augusts des Starken. – Taucha 1995

Rohr, J.B.v.: Einleitung zur Ceremoniel-Wissenschafft Der grossen Herren. – Berlin 1733

SAXONIA. Schriftenreihe d. Vereins f. sächs. Landesgeschichte, Bd. 1. – Dresden 1995

Staatsarchiv Dresden. – Locat 2089 (Briefwechsel König Augusts II.), Locat. 13537 (Hofordnungen)

Vogel, D.: Die Kinder Augusts des Starken. – Taucha 1994

Bildnachweis

*Sächsische Landesbibliothek, Abteilung Deutsche Fotothek, Reinek-
ke: Ornament der Königin (Schutzumschlag)*
Museum Burg Stolpen: 29
Tourismusinformation Pretzsch: 58, 73, 76
Verlagsarchiv: Übrige Vorlagen

Pretzsch – die letzte Wirkungsstätte der Frau Augusts des Starken

Wir laden herzlich ein, unser liebenswertes Städtchen in der Elbaue, am Rande des Naturparks Dübener Heide, kennenzulernen.

Sehenswürdigkeiten:

- Das Renaissanceschloß, erbaut 1571-74
- Die Stadt- und Hofkirche St. Nikolaus mit dem Grabmahl Christiane Eberhardines, der Frau Augusts des Starken
- Das Heimatmuseum mit Sachzeugen aus alter Zeit
- Das Geburtshaus des Musiklehrers Friedrich Wieck, dessen Tochter Clara mit Robert Schumann vermählt war
- Das schöne Forsthaus am Markt
- Das alte Gericht in der Goetheallee

Ausflugsziele:

- Die über 500 Jahre alte Schifferkirche Priesitz
- Die 1522 von Luther eingeweihte Dorfkirche Sachau
- Der berühmte Kurort Bad Schmiedeberg
- Die historische Lichtenburg in Prettin
- Das monumentale Schloß Hartenfels und die Stadt Torgau
- Die altehrwürdige Lutherstadt Wittenberg
- Die Burg und das Museum in Bad Düben
- Wanderungen in die Elbaue und Dübener Heide

Weitere Informationen und Zimmervermittlung durch

KUR-, FREMDENVERKEHRS-
UND HEIMATVEREIN PRETZSCH/ELBE e.V.

06909 Pretzsch   Goetheallee 3
Tel. (034926) 57307 Fax (034926) 57332